Made in the USA
Columbia, SC
17 November 2020

24769200R00061